Pastor inglés

Julie Murray

Abdo PERROS Kids

Abdo Kids Jumbo es una subdivisión de Abdo Kids
abdobooks.com

abdobooks.com

Published by Abdo Kids, a division of ABDO, P.O. Box 398166, Minneapolis, Minnesota 55439.

Abdo Kids Jumbo™ is a trademark and logo of Abdo Kids.

Printed in China

102024

012025

THIS BOOK CONTAINS RECYCLED MATERIALS

Spanish Translator: Maria Puchol

Photo Credits: Alamy, Getty Images, Shutterstock, Thinkstock

Production Contributors: Teddy Borth, Jennie Forsberg, Grace Hansen
Design Contributors: Candice Keimig, Pakou Moua

Library of Congress Control Number: 2024939032

Publisher's Cataloging-in-Publication Data

Names: Murray, Julie, author.

Title: Pastor inglés/ by Julie Murray.

Other title: Old English Sheepdogs. Spanish

Description: Minneapolis, Minnesota: Abdo Kids, 2025. | Series: Perros | Includes online resources and index

Identifiers: ISBN 9798384904342 (lib.bdg.) | ISBN 9798384904908 (ebook)

Subjects: LCSH: Old English sheepdog--Juvenile literature. | Sheep dogs--Juvenile literature. | Dogs--Juvenile literature. | Dogs--Behavior--Juvenile literature. | Animal behavior--Juvenile literature. | Spanish language materials--Juvenile literature.

Classification: DDC 599.772--dc23

Contenido

El pastor inglés

El origen del pastor inglés se remonta a principios del siglo XIX. Se criaron al oeste de Inglaterra para pastorear ovejas y ganado.

Inglaterra
Europa

El pastor inglés era un perro **de pastoreo**. Recorría largas distancias para llevar a las ovejas al mercado. Las trasladaban durante el día y por la noche las vigilaban.

Este perro tiene el cuerpo musculoso y las piernas fuertes. Puede llegar a medir 22 pulgadas de alto (55.9 cm) y pesar 100 libras (45.4 kg).

El pelaje del pastor inglés es suave y largo. Puede ser de varios colores, con tonos de azul, gris, ***grizzle***, **merle** o blanco.

Tienen doble capa de pelaje. La externa es resistente al agua. La capa de **pelo profundo** es densa y los mantiene calientes cuando hace frío.

Cuidados

Estos perros necesitan muchos cuidados. Son conocidos por **mudar** mucho pelo. Cepillarlos a diario ayuda para que no se les **enrede**.

Ejercicio

El pastor inglés es juguetón y energético. Necesita actividad todos los días. Le encanta correr y jugar con sus dueños.

Personalidad

Son perros inteligentes, aunque a veces son torpes y pueden llegar a ser **necios**. Necesitan un entrenamiento adecuado.

El pastor inglés es una excelente mascota para la familia. Se lleva bien con los niños y con otros animales. No le gusta estar solo por mucho tiempo, estar en compañía los hace felices.

Más datos

- ¡Les crece el pelo tanto que puede llegar a cubrirles toda la cara, incluyendo los ojos!

- Se les llama también *Bobtails*, ya que pueden nacer con la cola corta, lo que en inglés se llama un ***bobtail***. Además, ha sido común **amputarles** la cola cuando son cachorros.

- La asociación *American Kennel Club* los reconoció como raza en 1888, son miembros del grupo **de pastoreo**.

Glosario

amputado - cortado; dicho de un animal, normalmente se amputa la cola.

bobtail - animal al que le falta la cola.

de pastoreo - que traslada animales, especialmente ovejas o ganado, a un lugar donde pueden ser vendidos.

enredado - enmarañado en una masa densa.

grizzle - mezcla de colores claros y oscuros, sin patrón.

merle - patrón en la piel o pelaje que crea manchas de colores.

mudar pelo - perder o soltar pelo.

necio - que no acepta control de otros.

pelo profundo - pelo corto que crece cerca de la piel de un animal, cubierto por pelo más largo.

Índice